Mon carnet de Lune PRINTEMPS
Peggy G-Desender

Illustrations couverture et images intérieures : © Canva
Imprimé par KDP

Dépôt Légal : aout 2025
© 2025 Peggy G-Desender - aequilibre édition
52 rue du Bourbonnais 18150 La Guerche sur l'Aubois - France

ISBN : 978-2-9591814-6-7

Mon carnet de Lune
par Peggy G-Desender

Printemps

aequilibre
EDITION

Je n'ai jamais été autant alignée, bien dans mon corps et mon esprit que depuis que je pratique le Yoga lunaire. Ce fut une révélation, mon point d'ancrage

Peggy G-Desender

À PROPOS DE L'AUTEURE

Je suis Peggy Guillaux-Desender, professeure certifiée en Hatha Yoga, Yoga famille et enfant, mudra, et diplômée en Yogathérapie auprès de LocanA Sansregret, maître praticienne en PNL et praticienne en hypnose classique.
Auteure de nombreux romans édités chez aequilibre édition.
J'ai fait des études universitaires en Histoire, spécialisée dans l'époque Antique. J'ai enseigné au sein de l'éducation nationale durant 15 ans avant de me lancer dans l'aventure entrepreneuriale.

Le Yoga fait partie de ma vie depuis mes 15 ans. À l'heure où je compose ce carnet, j'en ai 49. Les philosophies et les médecines asiatiques m'ont toujours fascinée. Maintenir un taux vibratoire élevé, être en santé, nourrir convenablement son énergie par des pratiques adaptées et un mode de vie sain sont les clés de la vie.

Pour profiter au maximum de ce carnet, je vous invite à vous procurer le livre «Yoga Féminin - Soutenir votre énergie au rythme des cycles Lunaire et Solaire», aequilibre édition.
Un ouvrage issu de plusieurs années de pratiques, dédié aux femmes de tous horizons.
Il enrichira vos découvertes. Un outil avec 36 vidéos offertes pour vous accompagner et un groupe Facebook privé.
Yoga de la Femme, Les merveilles du cycle Lunaire et ses rituels adaptés, vivre au rythme des solstices et des équinoxes. Yoga, Ayurveda, Yogathérapie, rituels.

En vente ici : 

Ce carnet est un agenda, un planner, un carnet de réflexion, un traceur de vos lunes (menstruations), un objet d'expression créative., un temple dans le lequel vous consignez vos pensées et vos rêves, vos projets. Peu importe votre âge, personnalisez-le. et faites-en votre compagnon de développement personnel. Je vous donne rendez-vous sur ma chaîne Youtube «Peggy Espace Yoga» pour des vidéos qui accompagneront votre pratique.

Plus qu'un agenda, c'est un véritable outil pour vous aider à vous recentrer, à prendre soin de votre énergie et améliorer votre qualité de vie. Notez vos ressentis, vos réussites, vos voeux lunaires et l'effet de vos pratiques de Yoga sur l'ensemble de votre être. Ce carnet fait suite au livre « Yoga Féminin - Soutenir votre énergie au rythme des cycles Lunaire et Solaire» paru le 21 juin 2025.

<u>Pour chaque mois :</u>
Une posture de Yoga, une référence astrologique, de l'aromathérapie et de la lithothérapie à explorer et de l'espace nécessaire pour créer et noter vos réflexions. Pour l'utilisation des huiles essentielles, attention aux contre-indications. Renseignez-vous.
Pour suivre les phases lunaires, rendez-vous sur l'application gratuite My Moon Phase.

À vos crayons, à votre créativité pour mettre de la couleur sur chaque page, dessiner, coller des stickers. Faites ce carnet à votre goût. Chaque page mérite d'être embellie. Amusez-vous !

Rendez-vous ici pour La Posture du Mois :
https://www.youtube.com/@PeggyEspaceYoga18

Symboles à ajouter dans votre calendrier. Ils vous aideront à suivre votre cycle en fonction de la Lune

 Nouvelle Lune

 Premier Croissant

 Premier Quartier

 Lune gibbeuse

 Pleine Lune

 Dernier Croissant

 Dernier Quartier

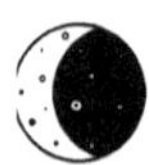 Lune Balsamique

Le cycle féminin en lien avec la Lune

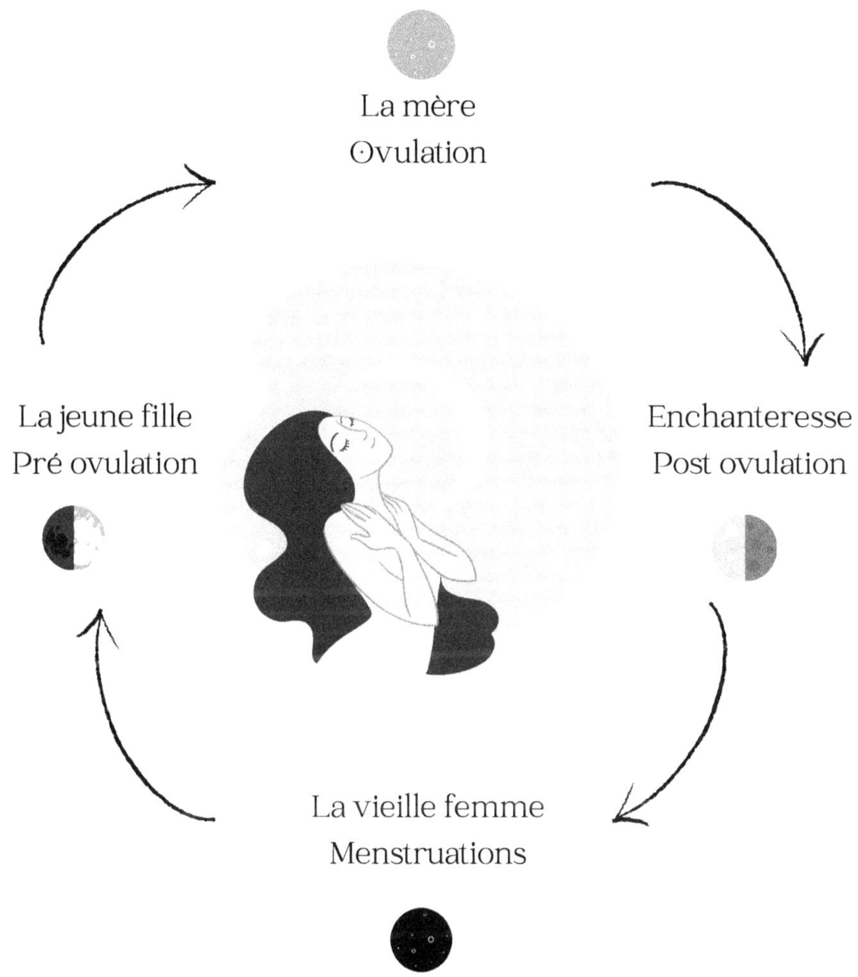

Dans l'idéal, c'est ainsi que le cycle lunaire influence le cycle féminin sacré.

On parle aussi de saisons de la femme : été ovulation, automne post ovulation, hiver menstruations, printemps pré ovulation

Mars

1	2	3	4	5	6
7	8	9	10	11	12
13	14	15	16	17	18
19	20	21	22	23	24
25	26	27	28	29	30

Notes

Routines

Gratitude

Yoga

Alimentation

Journal de vos Lunes

Notez tous vos ressentis selon la période où vous en êtes dans votre cycle menstruel. Créez votre traceur. Il vous permettra de mieux comprendre comment vous fonctionnez et ce que vous pourrez ajuster le cycle suivant pour vous sentir en forme, alignée, remplie d'énergie et sereine. Vous êtes ménopausée ? Le cycle lunaire est pour vous également. Il suffira de suivre le cycle lunaire sur cette saison pour comprendre comment vous fonctionnez sur ce rythme. La Lune sera votre alliée, suivez ses phases.

Utilisez les symboles lunaires pour vous repérer et organiser votre traceur. Notez le Jour et où vous en êtes dans votre cycle. Notez également la phase de la Lune actuelle. Puis décrivez comment vous vous sentez, ce que vous avez remarqué au niveau sommeil, alimentation, humeur, énergie, concentration.

Astrologie, Yoga

A vos stylos et vos recherches pour noter ci-dessous
les phases lunaires et les signes astrologiques associés.

La posture du mois à pratiquer tous les jours :

Le Dieu des vents, Apanasana

Bienfaits : Véritable élixir pour détoxifier le corps. Allongez-vous au sol ou sur votre lit. Le matin, commencez par la jambe gauche et le soir commencez par la jambe droite. Variante proposée par l'image : pliez les deux genoux , les attraper avec les mains puis inspirez, gonflez le ventre, les genoux sont loin, expirez et amenez les genoux en direction des épaules, en douceur, tout en creusant l'abdomen.
Utilisez la respiration abdominale la plus lente possible et ne forcez-pas sur l'articulation de la hanche.

Adaptation : sur chaise avec ou sans sangle.
https://www.youtube.com/@PeggyEspaceYoga18

La Mudra du mois

Apana Mudra pour la détox mentale et physique. A faire avec chaque main. Si le geste vous semble trop fort, adaptez avec la mudra Apanayana. Suivez la vidéo sur ma chaîne YouTube.

Aromathérapie et lithothérapie

Mon huile essentielle à découvrir

Citron

Pour booster nos cellules et leur redonner une seconde vie. Reconnue pour ses propriétés épuratives et de tonique digestif. Favorise l'élimination des toxines.

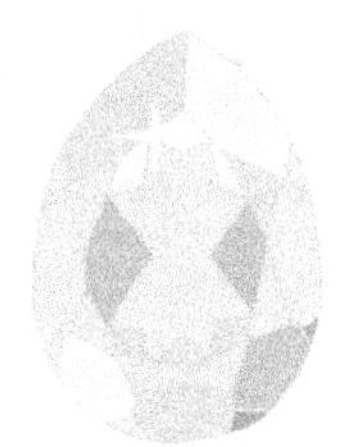

Ma pierre à tester

la citrine

Elle apporte un peu de chaleur au début du printemps. Elle participa à l'activation du Chakra couronne.

Mon rituel beauté et santé

Printemps et Ayurvéda

Le printemps est une période de transition. Il faudra donc adapter son alimentation et son rythme de vie. Pour cela, je vous propose de tester ces quelques conseils :

Adoptez une alimentation basée sur des produits de saison : légumes verts frais cuits, céréales entières : orge et millet, légumineuses.
Faites-vous un Dhal de lentilles corail. Evitez les laitages.
Favorisez les goûts astringents et amers : endives, salades.
Vos repas doivent être composés d'aliments légers et chauds.

Utilisez un gratte-langue pour décoller toutes les impuretés.
A faire à jeun le matin.

Le Gandush est utile également : c'est un gargarisme à base d'huile de sésame.

Nettoyez-vous régulièrement les fosses nasales avec une Lota en porcelaine. Ajoutez du gros sel en toute petite quantité et faites bien couler l'eau pour que cela passe d'une narine à l'autre. On appelle cette pratique «Jala Neti». Mouchez vous. Pour plus de renseignements, rapprochez-vous d'un professeur de Yogathérapie ou un praticien en Ayurvéda.

Vos notes à propos de ces partiques

Mes défis pour avancer dans mes projets.

Quelles sont les solutions ?
Ai-je besoin de temps ? De me former ? De financement ?
Dois-je faire des adaptations ? Ai-je besoin d'une aide extérieure ?

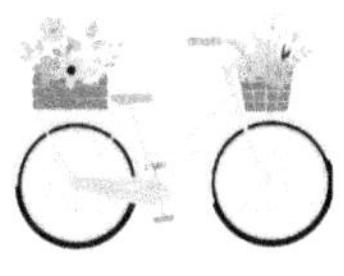

Planning hebdomadaire

Priorités en faisant de mon mieux, une respiration à la fois

Phase de la Lune. Je suis son énergie pour optimiser la mienne

Pensées

Journal de Gratitude

Date :

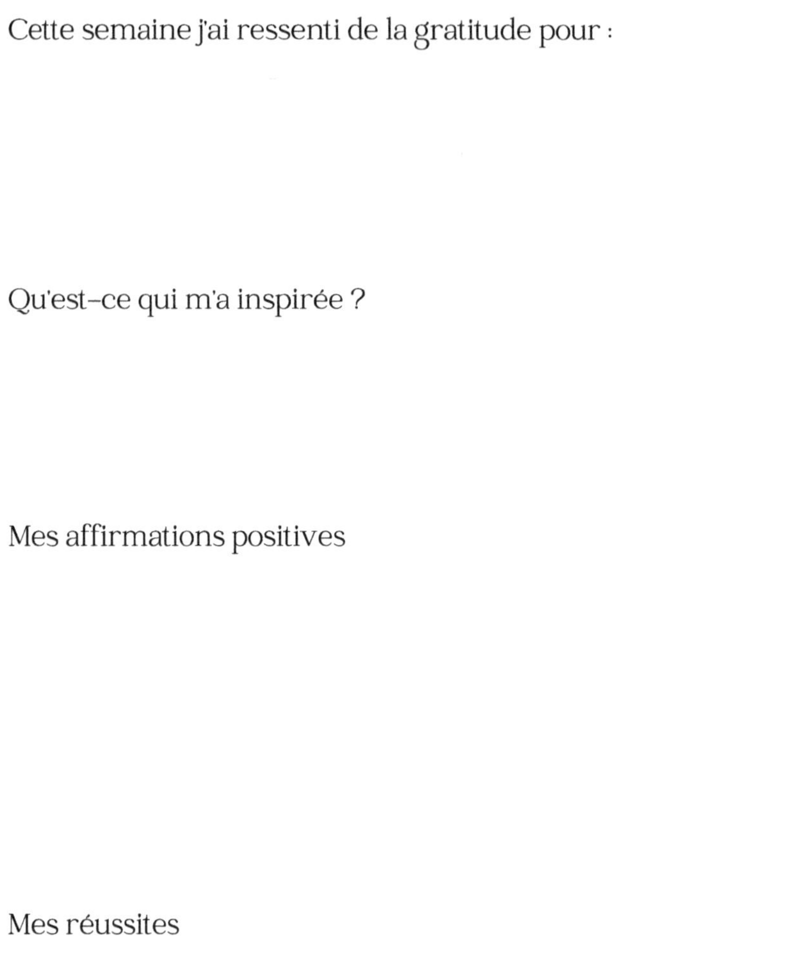

Cette semaine j'ai ressenti de la gratitude pour :

Qu'est-ce qui m'a inspirée ?

Mes affirmations positives

Mes réussites

En phase avec la Lune.
Tenez le journal de vos ressentis

Votre Yoga et vos découvertes avec les pratiques proposées.

Tentez de changer l'horaire de votre pratique pour observer les changements. Ecrivez toutes vos observations.

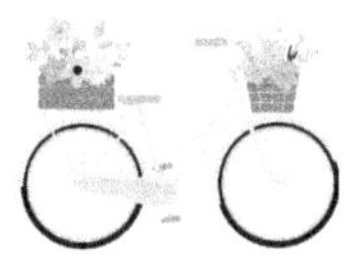

Planning hebdomadaire

Priorités en faisant de mon mieux, une respiration à la fois

Phase de la Lune. Je suis son énergie pour optimiser la mienne

Pensées

Journal de *Gratitude*

Date :

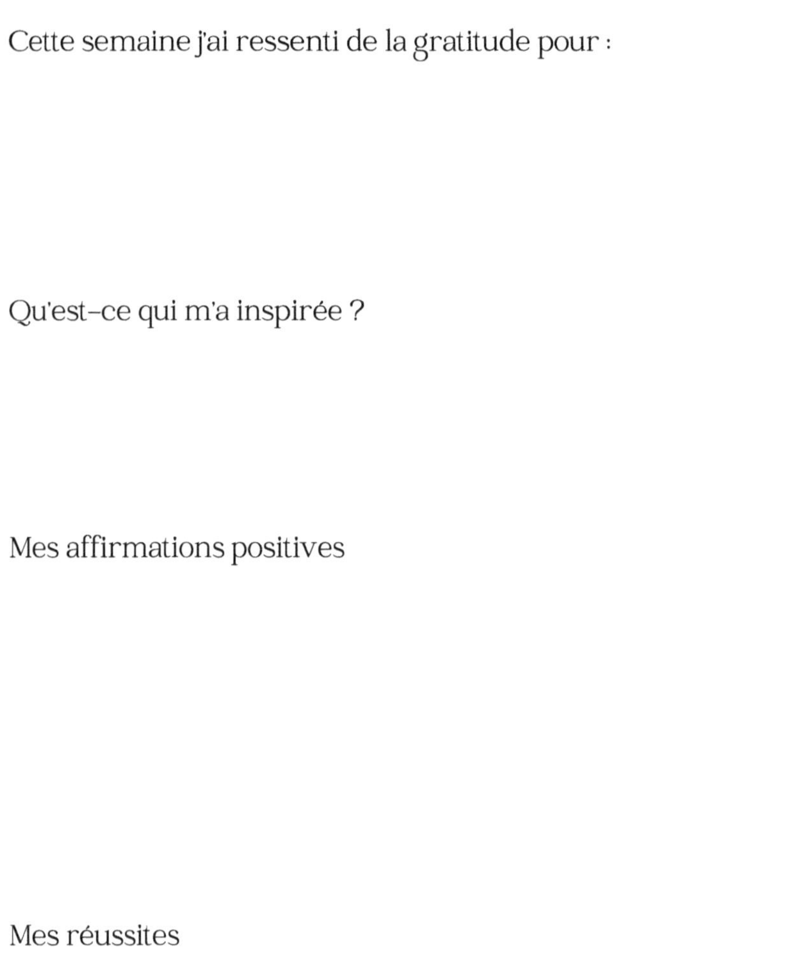

Cette semaine j'ai ressenti de la gratitude pour :

Qu'est-ce qui m'a inspirée ?

Mes affirmations positives

Mes réussites

En phase avec la Lune.
Tenez le journal de vos ressentis

Votre pause détente avec un mandala

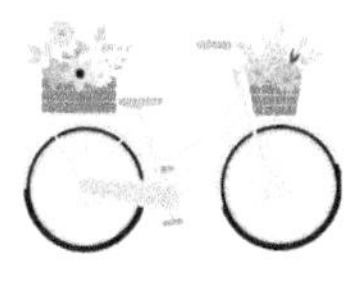

Planning hebdomadaire

Priorités en faisant de mon mieux, une respiration à la fois

Phase de la Lune. Je suis son énergie pour optimiser la mienne

Pensées

Journal de **Gratitude**

Date :

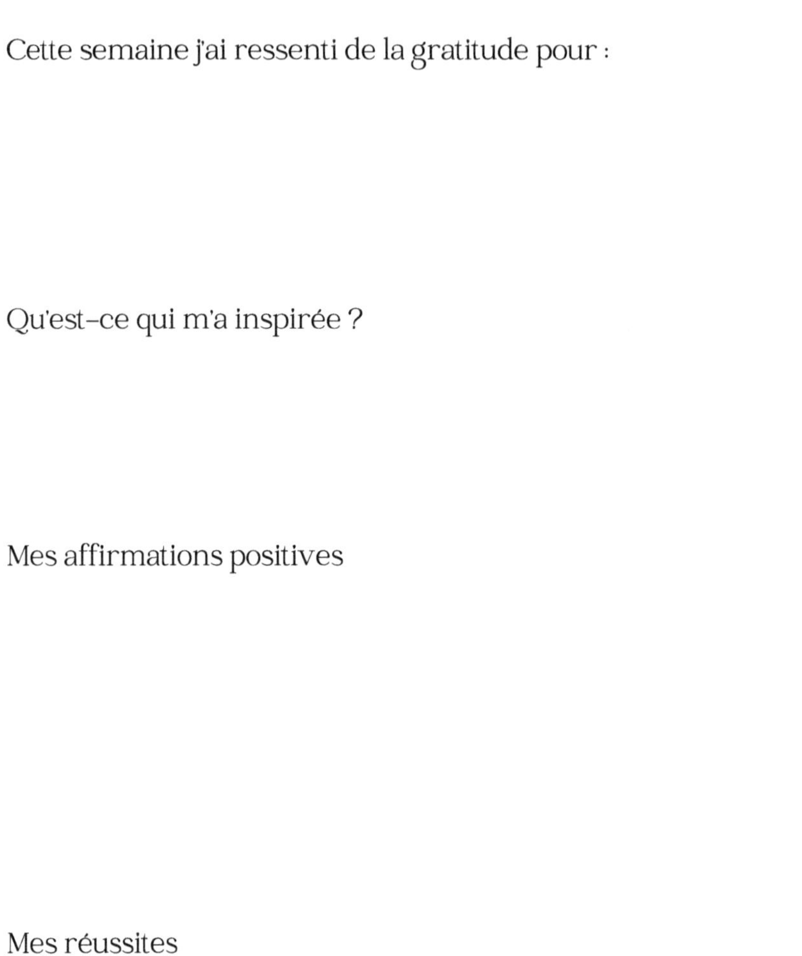

Cette semaine j'ai ressenti de la gratitude pour :

Qu'est-ce qui m'a inspirée ?

Mes affirmations positives

Mes réussites

En phase avec la Lune.
Tenez le journal de vos ressentis

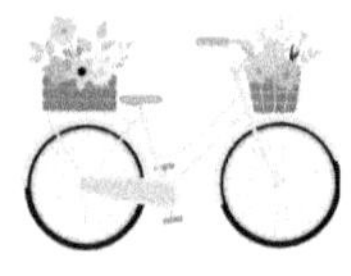

Planning hebdomadaire

Priorités en faisant de mon mieux, une respiration à la fois

Phase de la Lune. Je suis son énergie pour optimiser la mienne

Pensées

Journal de *Gratitude*

Date :

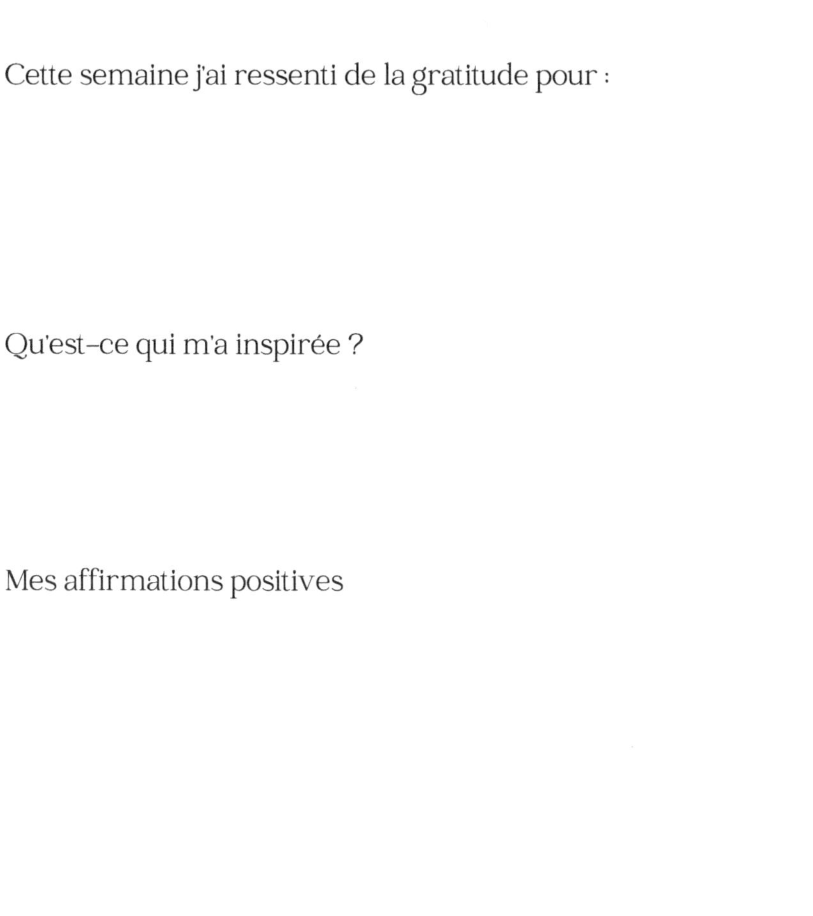

Cette semaine j'ai ressenti de la gratitude pour :

Qu'est-ce qui m'a inspirée ?

Mes affirmations positives

Mes réussites

En phase avec la Lune.

Tenez le journal de vos ressentis

Mes lectures du mois

Dans cette section, vous aurez le loisir de noter vos passages préférés, des références,
des citations, vos réflexions de lectrice.

Auteur

Titre :

Votre appréciation :

Passages qui ont retenus votre attention, citations, pages de référence etc...

Auteur

Titre :

Votre appréciation :

Passages qui ont retenus votre attention, citations, pages de référence etc...

Auteur

Titre :

Votre appréciation :

Passages qui ont retenus votre attention, citations, pages de référence etc...

Je fais le point

Accomplissements :

Défis rencontrés :

Leçons apprises :

Objectifs pour le mois prochain :

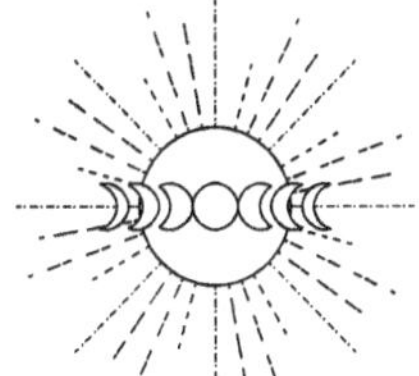

Optimisation

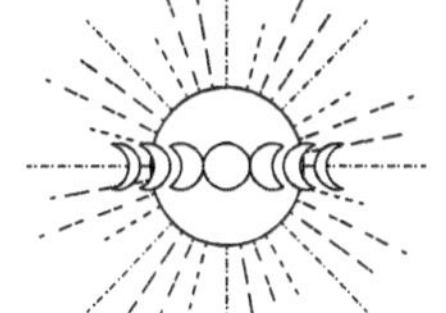

Vous avez certainement remarqué qu'il existe des fluctuations émotionnelles, d'énergie au sein d'un mois et du cycle lunaire, même de votre propre cycle. Déposez ici vos remarques et sortez le meilleur de tout cela.

Qu'est-ce qui draine votre énergie ? Quelle solution ?

Quand êtes-vous à votre TOP ? Pourquoi ? Vous arrive-t-il de vous "brûler" tellement vous foncez tête baissée ? Manquez-vous de punch, d'élan, avez-vous remarqué pourquoi ? Quels sont les meilleurs moments pour vous ? Où en êtes-vous dans le changement de l'alimentation lié à la saison ?

Que pourriez-vous ajuster pour le mois suivant ?

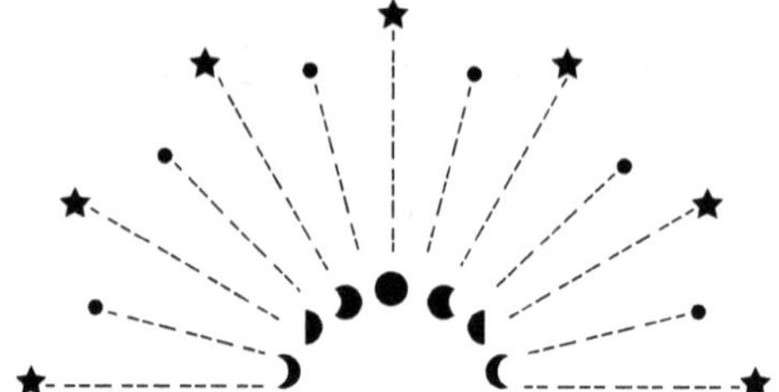

Avril

1	2	3	4	5	6
7	8	9	10	11	12
13	14	15	16	17	18
19	20	21	22	23	24
25	26	27	28	29	30
31					

Notes

Routines

Gratitude

Yoga

Alimentation

Journal de vos Lunes

Notez tous vos ressentis selon la période où vous en êtes dans votre cycle menstruel. Créez votre traceur. Il vous permettra de mieux comprendre comment vous fonctionnez et ce que vous pourrez ajuster le cycle suivant pour vous sentir en forme, alignée, remplie d'énergie et sereine. Vous êtes ménopausée ? Le cycle lunaire est pour vous également. Il suffira de suivre le cycle lunaire sur cette saison pour comprendre comment vous fonctionnez sur ce rythme. La Lune sera votre alliée, suivez ses phases.
Utilisez les symboles lunaires pour vous repérer et organiser votre traceur. Notez le Jour et où vous en êtes dans votre cycle. Notez également la phase de la Lune actuelle. Puis décrivez comment vous vous sentez, ce que vous avez remarqué au niveau sommeil, alimentation, humeur, énergie, concentration.

Astrologie, Yoga

Je note les dates et les phases de la Lune ainsi que le signe astrologique associé.

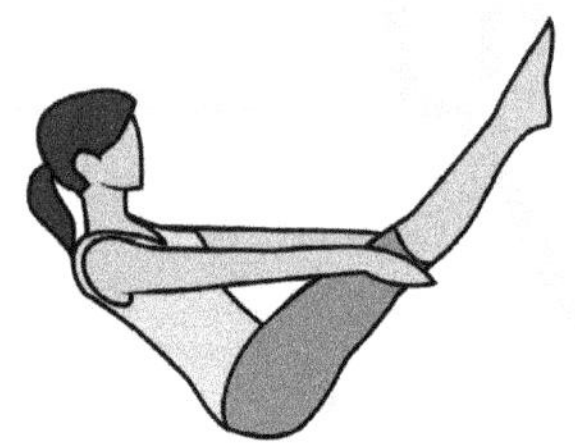

La posture du mois à pratiquer tous les jours :

Le bateau, Navasana

Bienfaits : renforce les abdominaux et les muscles dorsaux et ceux des cuisses Utilisez le périnée en starter. Installez vous dans la posture sur une expiration et redescendez sur une inspiration. Jambes tendues ou repliées selon vos disponibilités. Bras tendus devant vous.

La Mudra :

Shanka Mudra pour les maux de gorge ou bien la toux. En cette saison, on détoxifié et certaines mucosités remontent, on attrape des coups de froid à la gorge, on tousse. Cette mudra est merveilleuse pour stopper les quintes de toux.

https://www.youtube.com/@PeggyEspaceYoga18

Aromathérapie et lithothérapie

Mon huile essentielle à découvrir

L'Anis étoilé, la badiane

Très utile lors des premiers signes allergiques printaniers. Elle fonctionne également sur le système digestif. Une incontournable de votre pharmacopée.

Ma pierre à tester

la Pierre de Lune

Pierre qui favorise l'équilibre émotionnel. Portez-là lors des grandes phases lunaires et observez ses bienfaits.

Mon rituel beauté et santé

Détoxifier la peau et la revitaliser.

1- Masque détox

Une recette simple à la portée de toutes.
Broyez 3 cuillères à soupe de flocons d'avoine bio et y ajouter une cuillère à soupe de crème fraîche épaisse, directement venue du producteur. Ajoutez un jaune d'oeuf, une pincée de safran et le jus d'un demi-citron bio.

Mélangez le tout.
Humidifiez votre visage.
Appliquez sur le visage en évitant les yeux. Faites de petites mouvements circulaires.
Laissez quelques minutes et rincez à l'eau claire.

2- Le bain de vapeur au romarin du jardin.

La peau sera plus lumineuse.
Faire bouillir l'eau filtrée pendant dix minutes avec la ou les branches de romarin sèches ou fraîches.
Versez l'infusion dans un bol, penchez la tête au-dessus et couvrez la tête d'un linge. Restez quelques minutes.

Vos notes sur ces pratiques de soin.

Mes défis pour avancer dans mes projets.

Quelles sont les solutions ?
Ai-je besoin de temps ? De me former ? De financement ?
Dois-je faire des adaptations ? Ai-je besoin d'une aide extérieure ?

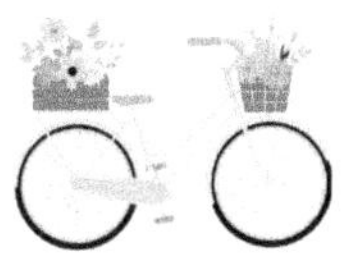

Planning hebdomadaire

Priorités en faisant de mon mieux, une respiration à la fois

Phase de la Lune. Je suis son énergie pour optimiser la mienne

Pensées

Journal de Gratitude

Date :

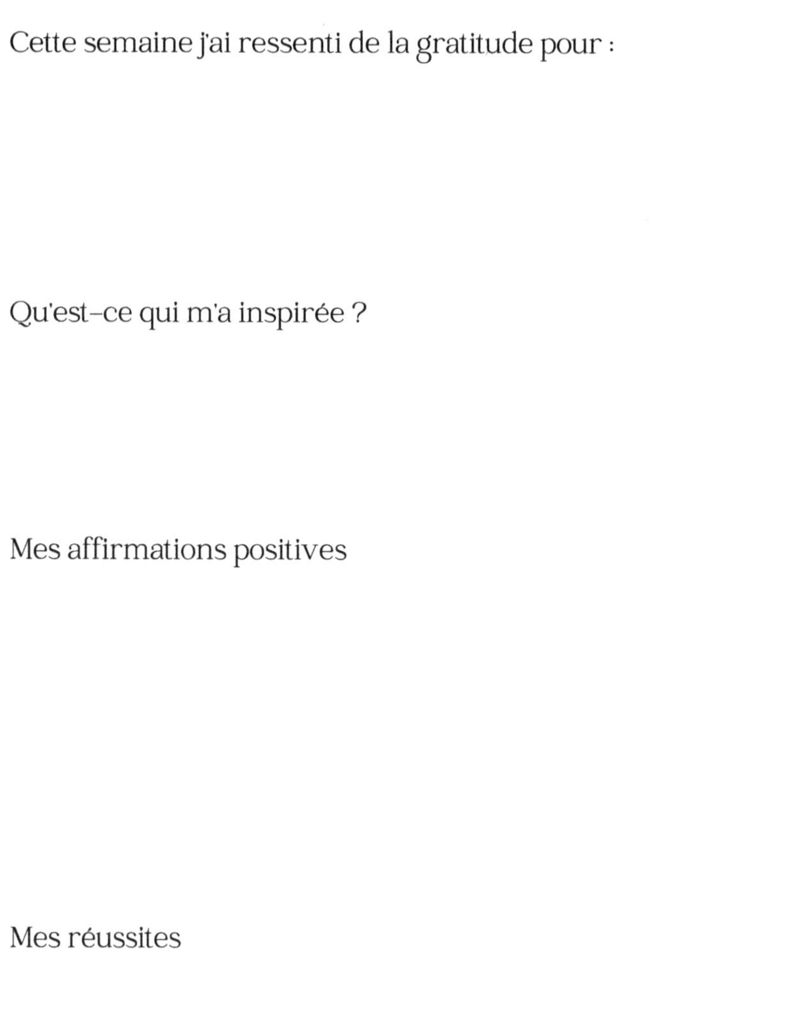

Cette semaine j'ai ressenti de la gratitude pour :

Qu'est-ce qui m'a inspirée ?

Mes affirmations positives

Mes réussites

En phase avec la Lune.
Tenez le journal de vos ressentis

Votre Yoga et vos découvertes avec les pratiques proposées.

Tentez de changer l'horaire de votre pratique pour observer les changements. Ecrivez toutes vos observations.

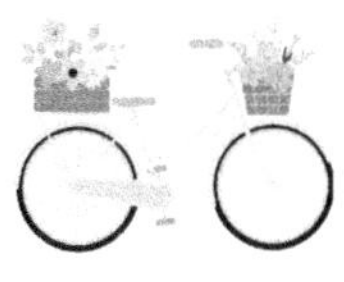

Planning hebdomadaire

Priorités en faisant de mon mieux, une respiration à la fois

Phase de la Lune. Je suis son énergie pour optimiser la mienne

Pensées

Journal de *Gratitude*

Date :

Cette semaine j'ai ressenti de la gratitude pour :

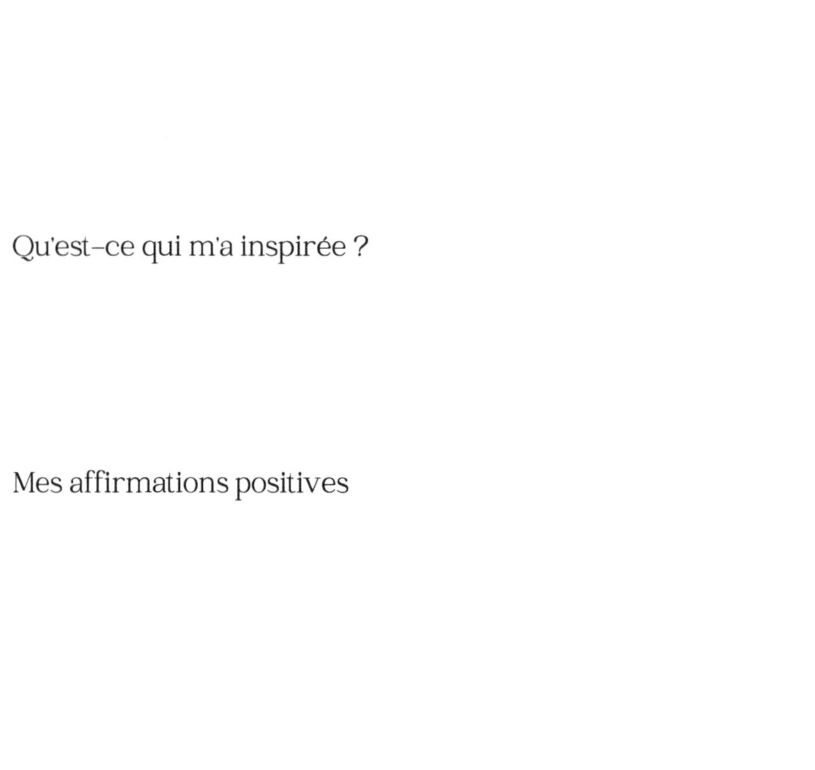

Qu'est-ce qui m'a inspirée ?

Mes affirmations positives

Mes réussites

En phase avec la Lune.
Tenez le journal de vos ressentis

Votre pause détente avec un mandala

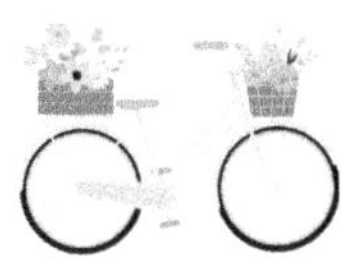

Planning hebdomadaire

Priorités en faisant de mon mieux, une respiration à la fois

Phase de la Lune. Je suis son énergie pour optimiser la mienne

Pensées

Journal de **Gratitude**

Date :

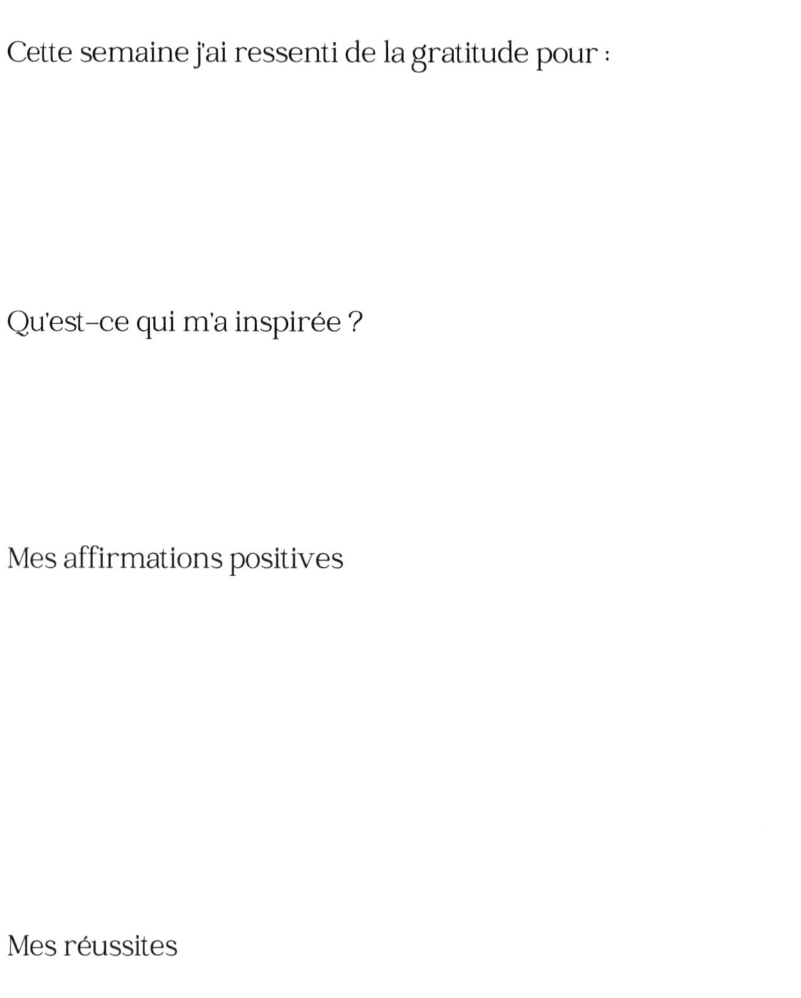

Cette semaine j'ai ressenti de la gratitude pour :

Qu'est-ce qui m'a inspirée ?

Mes affirmations positives

Mes réussites

En phase avec la Lune.
Tenez le journal de vos ressentis

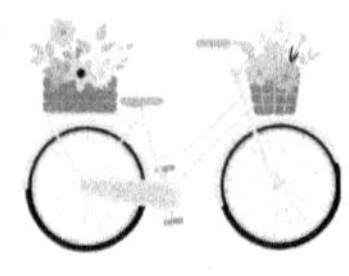

Planning hebdomadaire

Priorités en faisant de mon mieux, une respiration à la fois

Phase de la Lune. Je suis son énergie pour optimiser la mienne

Pensées

Journal de *Gratitude*

Date :

Cette semaine j'ai ressenti de la gratitude pour :

Qu'est-ce qui m'a inspirée ?

Mes affirmations positives

Mes réussites

En phase avec la Lune.
Tenez le journal de vos ressentis

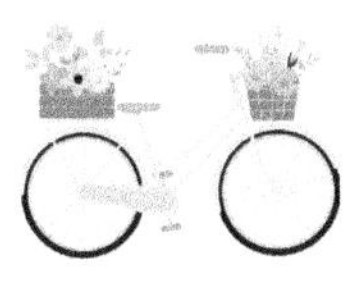

Planning hebdomadaire

Priorités en faisant de mon mieux, une respiration à la fois

Phase de la Lune. Je suis son énergie pour optimiser la mienne

Pensées

Journal de *Gratitude*

Date :

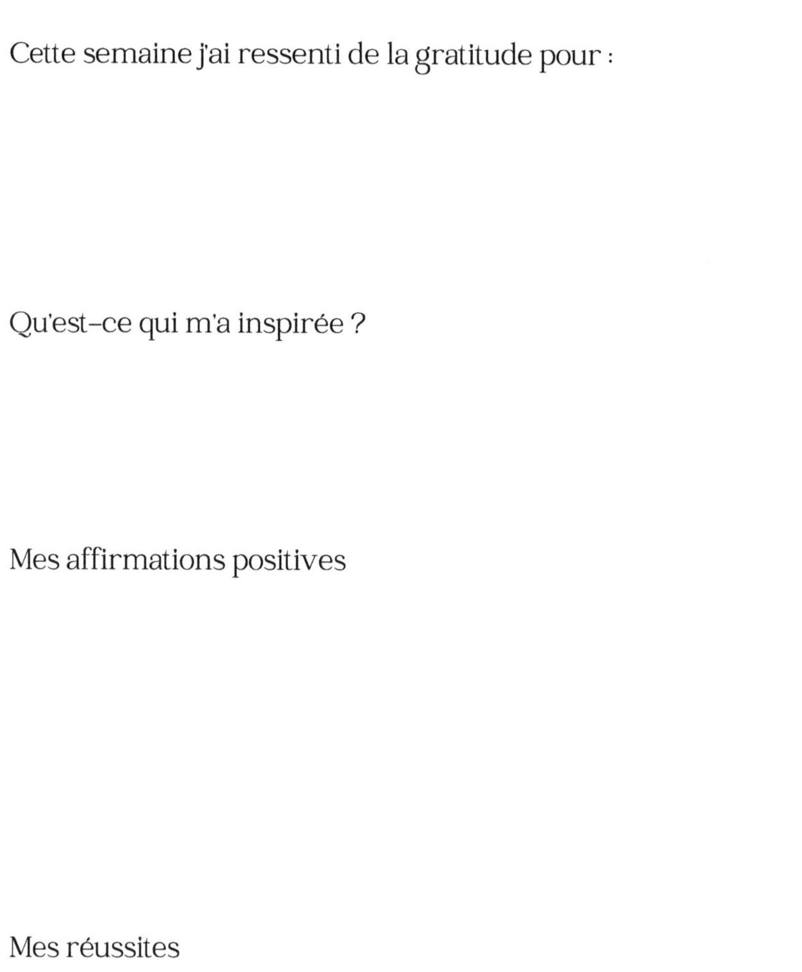

Cette semaine j'ai ressenti de la gratitude pour :

Qu'est-ce qui m'a inspirée ?

Mes affirmations positives

Mes réussites

En phase avec la Lune.
Tenez le journal de vos ressentis

Mes lectures du mois

Dans cette section, vous aurez le loisir de noter vos passages préférés, des références,
des citations, vos réflexions
de lectrice.

Auteur

Titre :

Votre appréciation :

Passages qui ont retenus votre attention, citations, pages de référence etc...

Auteur

Titre :

Votre appréciation :

Passages qui ont retenus votre attention, citations, pages de référence etc...

Auteur

Titre :

Votre appréciation :

Passages qui ont retenus votre attention, citations, pages de référence etc...

Je fais le point

Accomplissements :

Défis rencontrés :

Leçons apprises :

Objectifs pour le mois prochain :

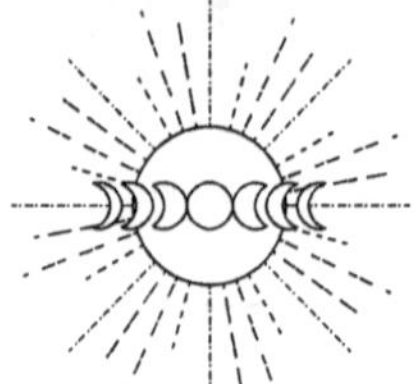

Optimisation

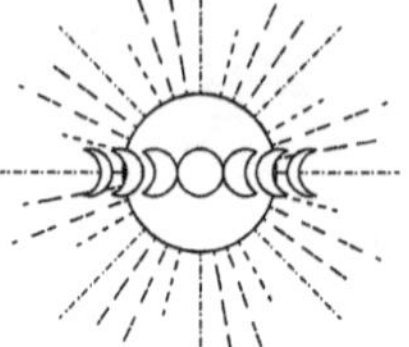

Vous avez certainement remarqué qu'il existe des fluctuations émotionnelles, d'énergie au sein d'un mois et du cycle lunaire, même de votre propre cycle. Déposez ici vos remarques et sortez le meilleur de tout cela.

Qu'est-ce qui draine votre énergie ? Quelle solution ?

Quand êtes-vous à votre TOP ? Pourquoi ? Vous arrive-t-il de vous "brûler" tellement vous foncez tête baissée ? Manquez-vous de punch, d'élan, avez-vous remarqué pourquoi ? Quels sont les meilleurs moments pour vous ? Où en êtes-vous dans le changement de l'alimentation lié à la saison ?

Que pourriez-vous ajuster pour le mois suivant ?

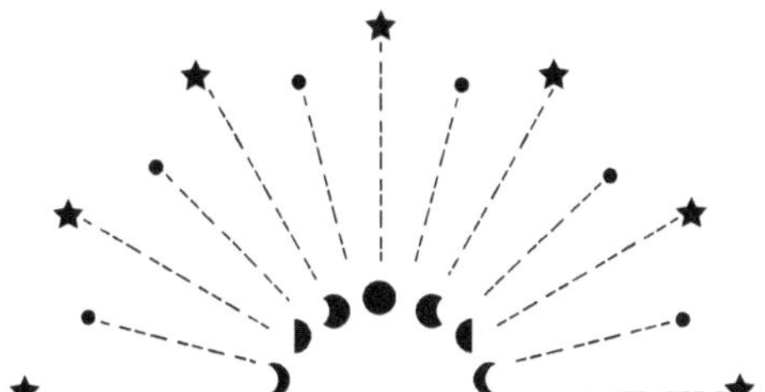

Mai

1	2	3	4	5	6
7	8	9	10	11	12
13	14	15	16	17	18
19	20	21	22	23	24
25	26	27	28	29	30
31					

Notes

Routines

Gratitude

Yoga

Alimentation

Journal de vos Lunes

Notez tous vos ressentis selon la période où vous en êtes dans votre cycle menstruel. Créez votre traceur. Il vous permettra de mieux comprendre comment vous fonctionnez et ce que vous pourrez ajuster le cycle suivant pour vous sentir en forme, alignée, remplie d'énergie et sereine. Vous êtes ménopausée ? Le cycle lunaire est pour vous également. Il suffira de suivre le cycle lunaire sur cette saison pour comprendre comment vous fonctionnez sur ce rythme. La Lune sera votre alliée, suivez ses phases.

Utilisez les symboles lunaires pour vous repérer et organiser votre traceur. Notez le Jour et où vous en êtes dans votre cycle. Notez également la phase de la Lune actuelle. Puis décrivez comment vous vous sentez, ce que vous avez remarqué au niveau sommeil, alimentation, humeur, énergie, concentration.

Astrologie, Yoga

Je note les dates et les phases de la Lune ainsi que le signe astrologique associé.

La posture du mois à pratiquer tous les jours

Le Guerrier III, Virabhadrasana III

Travaille l'équilibre et la concentration, le dépassement de soi, l'atteinte des objectifs, posture qui vous relie à l'élément Terre. Cette posture demande beaucoup d'humilité et de patience, d'abandon en confiance.

Ma Mudra

Dhyana mudra pour travailler la concentration et entrer en plus profonde méditation.

Aromathérapie et lithothérapie

Mon huile essentielle à découvrir

La Rose de mai, rosa centifolia

Utilisée pour les soins de la peau et en parfumerie.
Considérée comme une huile essentielle précieuse.
Parfaite pour les peaux sèches, sensibles et matures.

Pierre du mois

La Célestine

Pierre bleue ciel. Elle agit sur la respiration et améliore la vision, on l'utilise parfois en cas de sinusite.

Mon rituel beauté et santé

Sérum antirides

A faire si vous n'avez aucun problème allergique.

Mélangez vingt gouttes d'huile essentielle de géranium ou de rose avec 30 ml d'huile végétale de rose musquée. Appliquez chaque soir sur la peau avec un doux massage.

Rendez-vous avec Sonia Berthelot pour les gestes appropriés :

Puis rincez à l'eau tiède et séchez votre visage en tamponnant avec un coton doux en fibre de bambou.

Recette Ayurvédique : baume respiratoire pour le printemps.

10g de beurre de karité
200ml d'huile d'olive
10 gouttes de chaque :

huile essentielle de thym, eucalyptus, lavande et cèdre.

Au bain-marie, faire fondre le beurre de karité dans l'huile d'olive.
Laissez refroidir, puis ajoutez les huiles essentielles.
Versez le tout dans un pot en verre et stérile.
Lissez refroidir, puis fermez et ajoutez la date de fabrication sur le pot. Se garde un an dans un lieu frais, sans lumière.
Utilisez ce baume en friction sur la poitrine, le cou et le dos.

Vos notes sur ces pratiques de soin.

Mes défis pour avancer dans mes projets.

Quelles sont les solutions ?
Ai-je besoin de temps ? De me former ? De financement ?
Dois-je faire des adaptations ? Ai-je besoin d'une aide extérieure ?

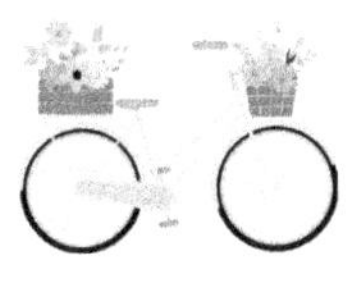

Planning hebdomadaire

Priorités en faisant de mon mieux, une respiration à la fois

Phase de la Lune. Je suis son énergie pour optimiser la mienne

Pensées

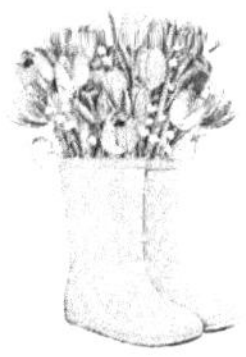

Journal de Gratitude

Date :

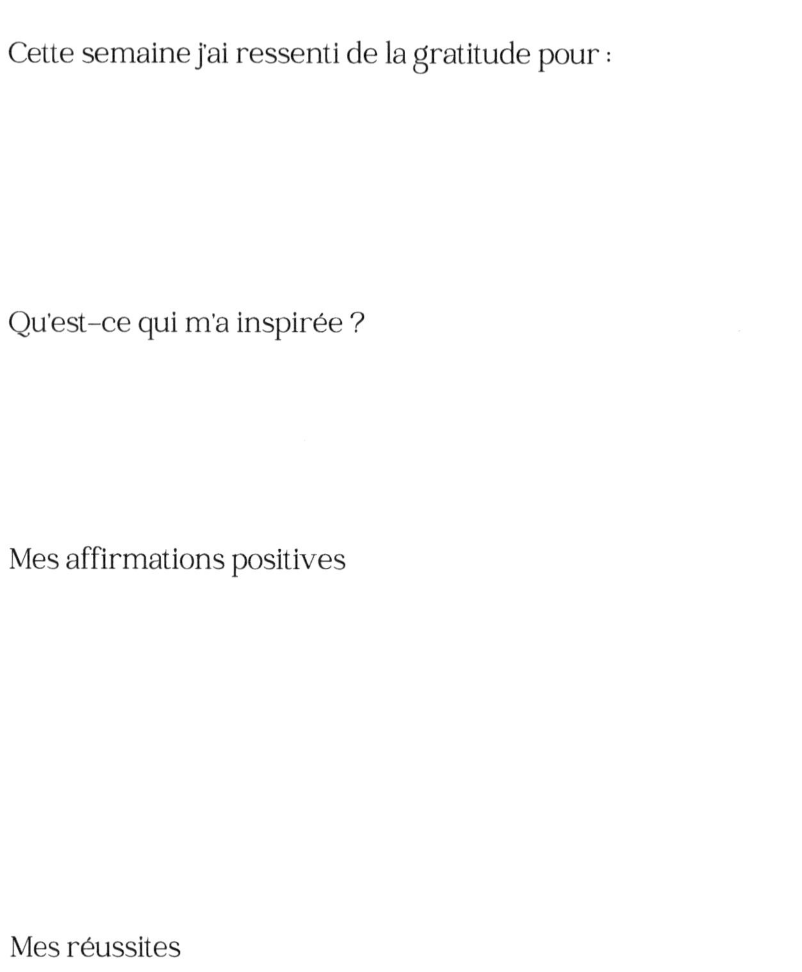

Cette semaine j'ai ressenti de la gratitude pour :

Qu'est-ce qui m'a inspirée ?

Mes affirmations positives

Mes réussites

En phase avec la Lune.

Tenez le journal de vos ressentis

Votre Yoga et vos découvertes avec les pratiques proposées.
Tentez de changer l'horaire de votre pratique pour observer les changements. Ecrivez toutes vos observations.

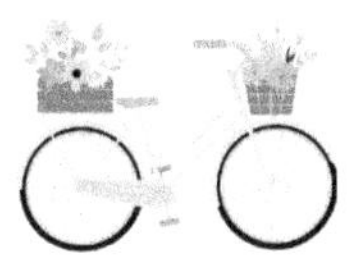

Planning hebdomadaire

Priorités en faisant de mon mieux, une respiration à la fois

Phase de la Lune. Je suis son énergie pour optimiser la mienne

Pensées

Journal de Gratitude

Date :

Cette semaine j'ai ressenti de la gratitude pour :

Qu'est-ce qui m'a inspirée ?

Mes affirmations positives

Mes réussites

En phase avec la Lune.
Tenez le journal de vos ressentis

Votre pause détente avec un mandala

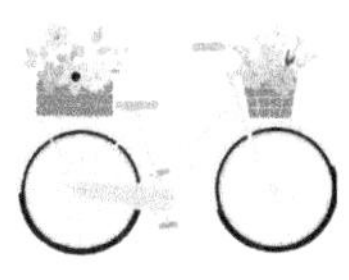

Planning hebdomadaire

Priorités en faisant de mon mieux, une respiration à la fois

Phase de la Lune. Je suis son énergie pour optimiser la mienne

Pensées

Journal de **Gratitude**

Date :

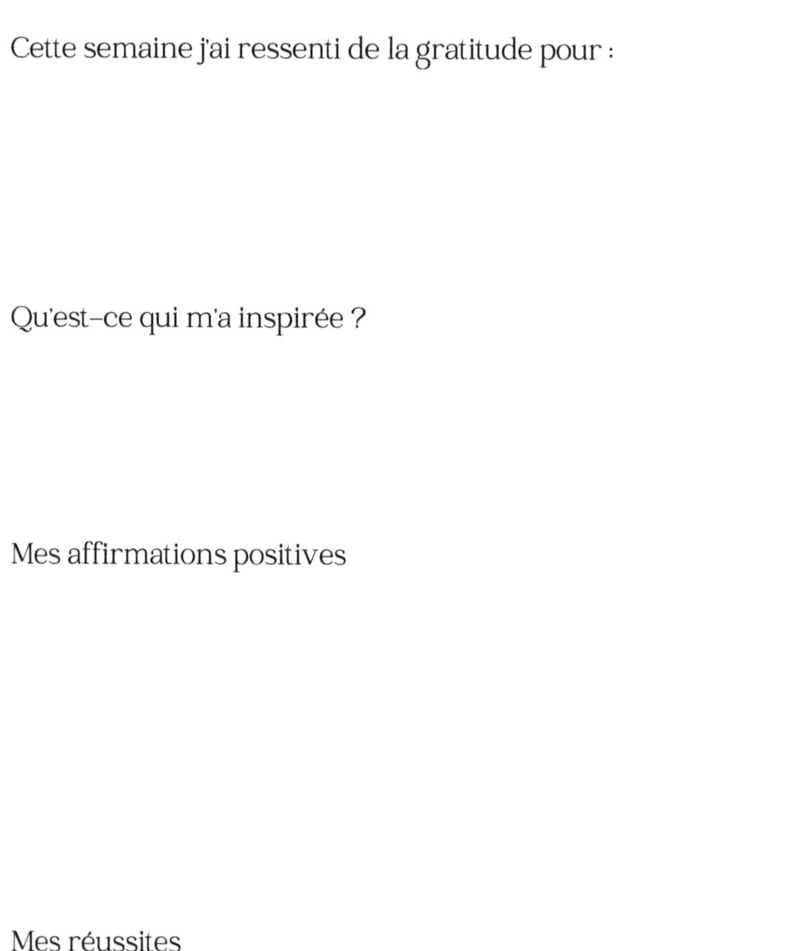

Cette semaine j'ai ressenti de la gratitude pour :

Qu'est-ce qui m'a inspirée ?

Mes affirmations positives

Mes réussites

En phase avec la Lune.
Tenez le journal de vos ressentis

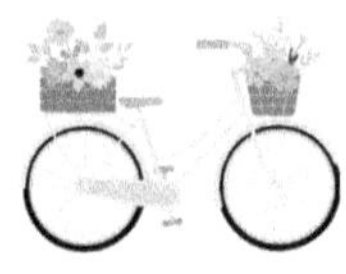

Planning hebdomadaire

Priorités en faisant de mon mieux, une respiration à la fois

Phase de la Lune. Je suis son énergie pour optimiser la mienne

Pensées

Journal de **Gratitude**

Date :

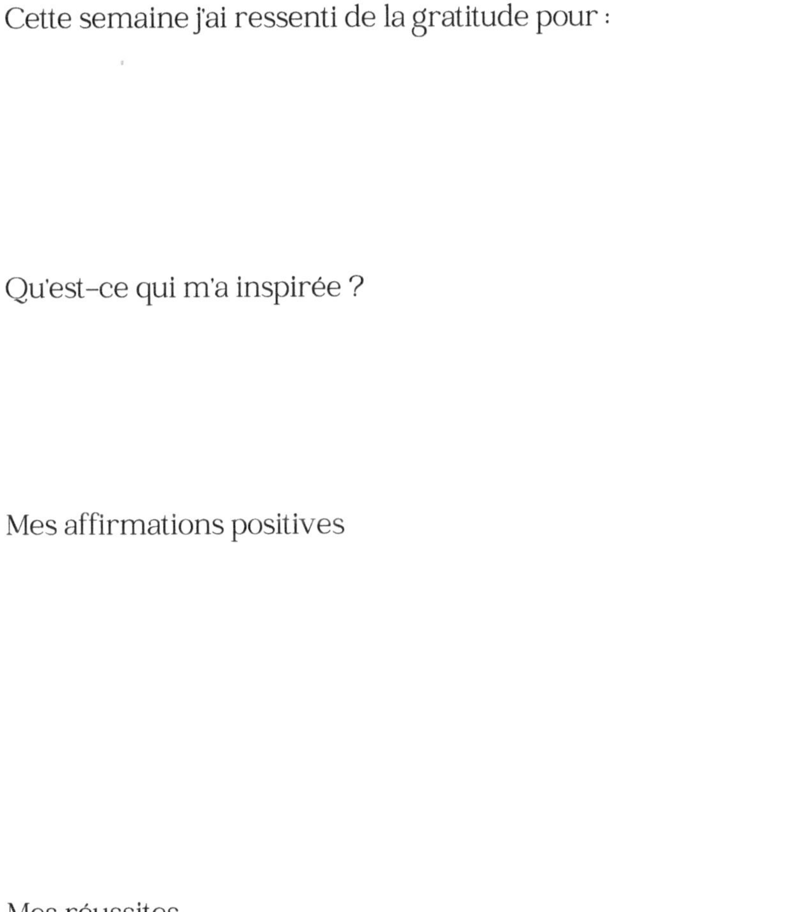

Cette semaine j'ai ressenti de la gratitude pour :

Qu'est-ce qui m'a inspirée ?

Mes affirmations positives

Mes réussites

En phase avec la Lune.

Tenez le journal de vos ressentis

Mes lectures du mois

Dans cette section, vous aurez le loisir de noter vos passages préférés, des références, des citations, vos réflexions de lectrice.

Auteur

Titre :

Votre appréciation :

Passages qui ont retenus votre attention, citations, pages de référence etc...

Auteur

Titre :

Votre appréciation :

Passages qui ont retenus votre attention, citations, pages de référence etc...

Auteur

Titre :

Votre appréciation :

Passages qui ont retenus votre attention, citations, pages de référence etc...

Je fais le point

Accomplissements :

Défis rencontrés :

Leçons apprises :

Objectifs pour le mois prochain :

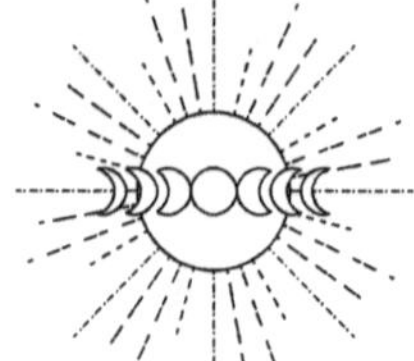

Optimisation

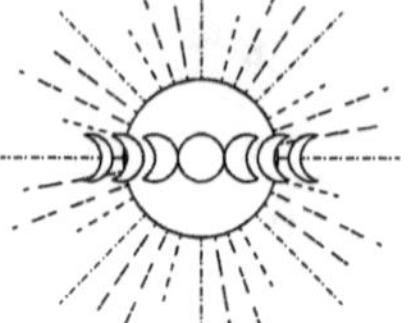

Vous avez certainement remarqué qu'il existe des fluctuations émotionnelles, d'énergie au sein d'un mois et du cycle lunaire, même de votre propre cycle. Déposez ici vos remarques et sortez le meilleur de tout cela.

Qu'est-ce qui draine votre énergie ? Quelle solution ?

Quand êtes-vous à votre TOP ? Pourquoi ? Vous arrive-t-il de vous "brûler" tellement vous foncez tête baissée ? Manquez-vous de punch, d'élan, avez-vous remarqué pourquoi ? Quels sont les meilleurs moments pour vous ? Où en êtes-vous dans le changement de l'alimentation lié à la saison ?

Que pourriez-vous ajuster pour le mois suivant ?

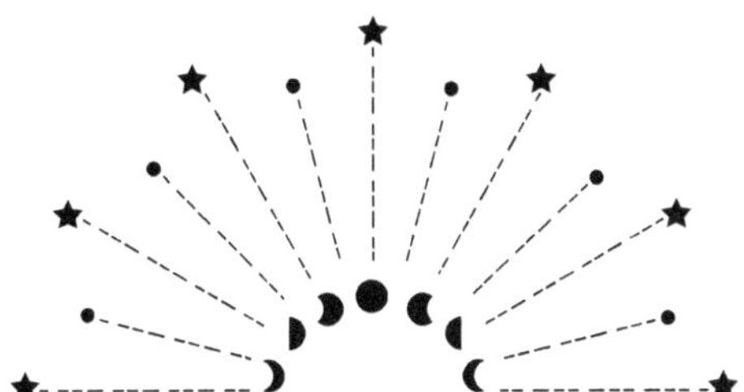

Juin

1	2	3	4	5	6
7	8	9	10	11	12
13	14	15	16	17	18
19	20	21	22	23	24
25	26	27	28	29	30
31					

Notes

Routines

Gratitude

Yoga

Alimentation

Journal de vos Lunes

Notez tous vos ressentis selon la période où vous en êtes dans votre cycle menstruel. Créez votre traceur. Il vous permettra de mieux comprendre comment vous fonctionnez et ce que vous pourrez ajuster le cycle suivant pour vous sentir en forme, alignée, remplie d'énergie et sereine. Vous êtes ménopausée ? Le cycle lunaire est pour vous également. Il suffira de suivre le cycle lunaire sur cette saison pour comprendre comment vous fonctionnez sur ce rythme. La Lune sera votre alliée, suivez ses phases.

Utilisez les symboles lunaires pour vous repérer et organiser votre traceur. Notez le Jour et où vous en êtes dans votre cycle. Notez également la phase de la Lune actuelle. Puis décrivez comment vous vous sentez, ce que vous avez remarqué au niveau sommeil, alimentation, humeur, énergie, concentration.

Astrologie, Yoga

Je note les dates et les phases de la lune ainsi que le signe astrologique associé.

La Salutation au Soleil

En l'honneur de l'astre du jour
qui nous baigne de sa lumière

Cette Salutation est idéale en toute saison, surtout en Hiver pour garder un bon feu digestif. L'idée ici est vraiment d'honorer le Soleil. A faire très tôt le matin avant le petit déjeuner. Des versions adaptées existent. Faites attention à vos disponibilités physiques Je l'enseigne dans mon livre «YOGA Féminin-soutenir votre énergie au rythme des cycles Lunaire et Solaire» avec des vidéos d'accompagnement.

Ma Mudra

Padma Mudra
Le geste du lotus.
Elle invite la guérison, le calme, la sérénité et la douceur
Laissez l'amour à se déposer dans l'espace du Coeur.
Rendez-vous Locana Sansregret sur sa chaîne YouTube.
Formatrice et spécialiste des Mudra

Aromathérapie et lithothérapie

Mon huile essentielle à découvrir

L'Hélichryse italienne, Immortelle.

Traditionnellement utilisée en «bobologie». Elle aide également à unifier les peaux sujettes aux rougeurs. A utiliser en soin du visage et du corps pour raffermir et apaiser. Aide à dissoudre les bleus de l'âme et à cicatriser des blessures affectives.

Ma pierre à tester

La Labradorite

Equilibre du système digestif. Protège des énergies négatives. Régule les troubles hormonaux.

Mon rituel beauté et santé

Pleine Lune

Jeûnez sur trois jours si cela vous est possible et non contre-indiqué. Un jeûne hydrique semble parfait : tisane, infusions chaudes ou froides, eau, eau plus citron.

Après la Pleine Lune

Coupez les cheveux . Ils repousseront plus lentement et plus épais. Cela les fortifiera.

Soulager les conjonctivites allergiques

Aves les foins, les pollens, qui volent, vous avez envie d'une solution confort et naturelle pour soulager ces désagréments.

Munissez-vous de fleurs de camomille et plongez-les dans l'eau froide. Portez à ébullition durant cinq minutes.
Retirez du feu et laissez refroidir un peu.

Trempez des compresses en tissus bio faites de fibres de bambou.

Une compresse par oeil. Nettoyez en commençant par l'angle interne de l'oeil puis dirigez votre geste vers l'angle externe.

A renouveler plusieurs fois par jour.

Vos notes sur ces pratiques de soin.

Mes défis pour avancer dans mes projets.

Quelles sont les solutions ?
Ai-je besoin de temps ? De me former ? De financement ?
Dois-je faire des adaptations ? Ai-je besoin d'une aide extérieure ?

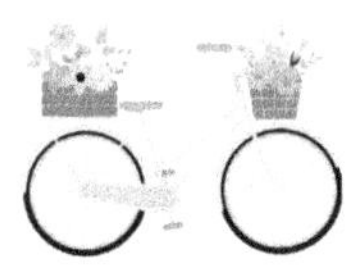

Planning hebdomadaire

Priorités en faisant de mon mieux, une respiration à la fois

Phase de la Lune. Je suis son énergie pour optimiser la mienne

Pensées

Journal de **Gratitude** Date :

Cette semaine j'ai ressenti de la gratitude pour :

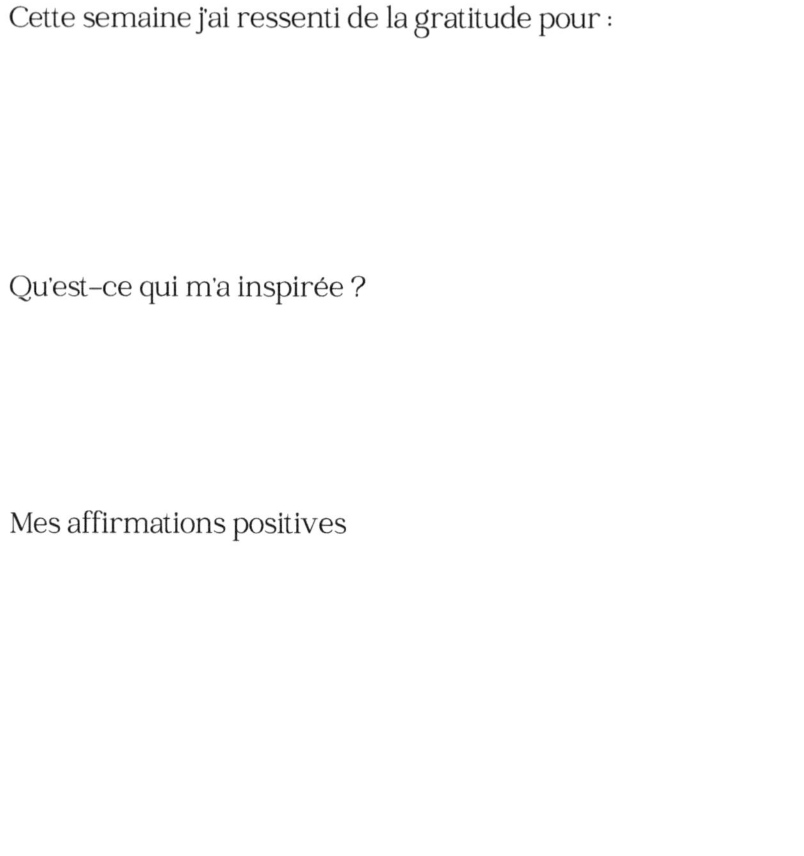

Qu'est-ce qui m'a inspirée ?

Mes affirmations positives

Mes réussites

En phase avec la Lune.
Tenez le journal de vos ressentis

Votre Yoga et vos découvertes avec les pratiques proposées.
Tentez de changer l'horaire de votre pratique pour observer les changements. Ecrivez toutes vos observations.

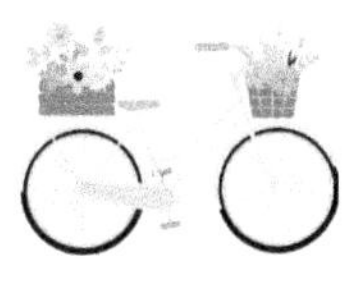

Planning hebdomadaire

Priorités en faisant de mon mieux, une respiration à la fois

Phase de la Lune. Je suis son énergie pour optimiser la mienne

Pensées

Journal de *Gratitude*

Date :

Cette semaine j'ai ressenti de la gratitude pour :

Qu'est-ce qui m'a inspirée ?

Mes affirmations positives

Mes réussites

En phase avec la Lune.
Tenez le journal de vos ressentis

Votre pause détente avec un mandala

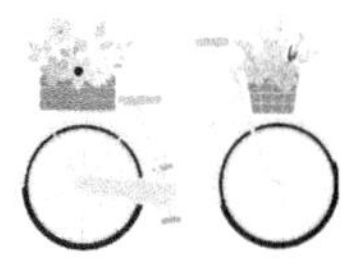

Planning hebdomadaire

Priorités en faisant de mon mieux, une respiration à la fois

Phase de la Lune. Je suis son énergie pour optimiser la mienne

Pensées

Journal de Gratitude

Date :

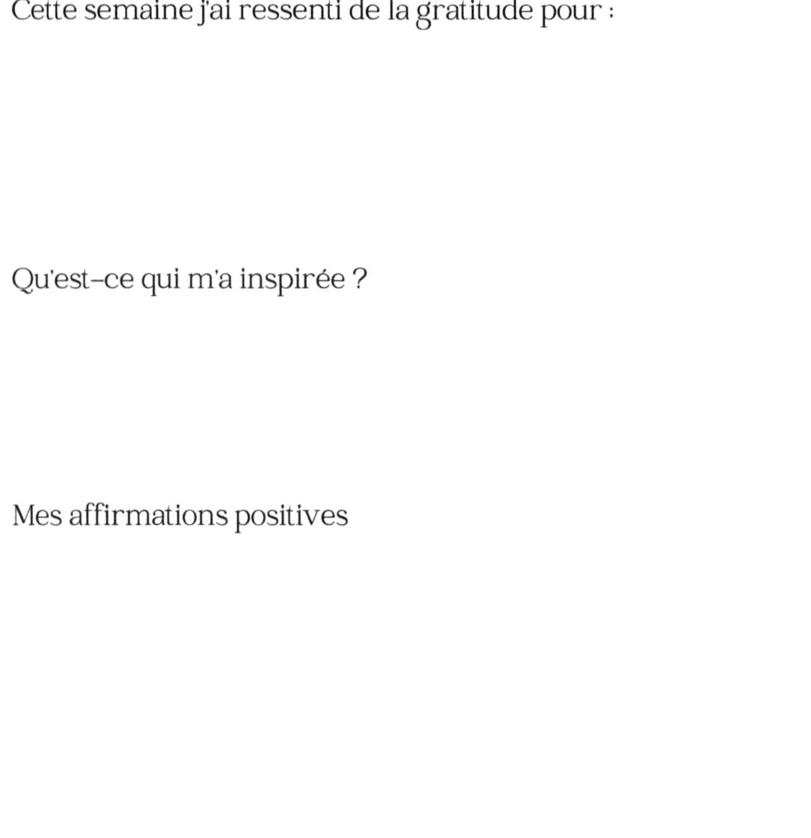

Cette semaine j'ai ressenti de la gratitude pour :

Qu'est-ce qui m'a inspirée ?

Mes affirmations positives

Mes réussites

En phase avec la Lune.
Tenez le journal de vos ressentis

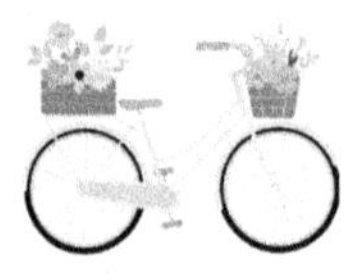

Planning hebdomadaire

Priorités en faisant de mon mieux, une respiration à la fois

Phase de la Lune. Je suis son énergie pour optimiser la mienne

Pensées

Journal de **Gratitude**

Date :

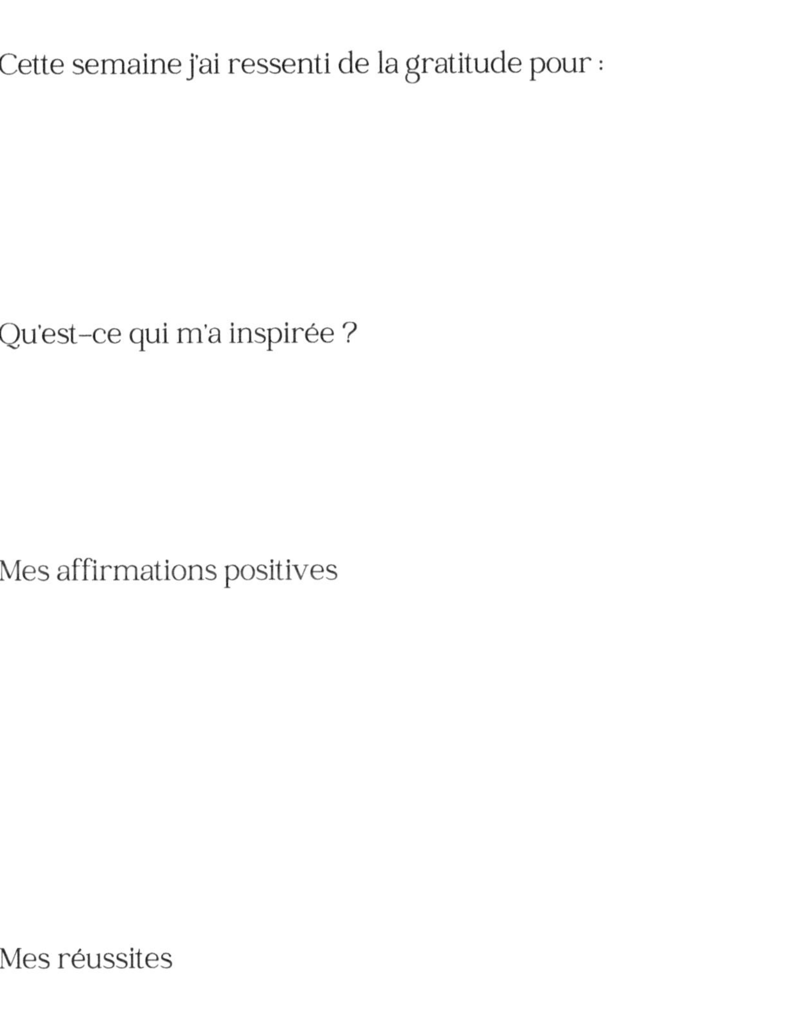

Cette semaine j'ai ressenti de la gratitude pour :

Qu'est-ce qui m'a inspirée ?

Mes affirmations positives

Mes réussites

En phase avec la Lune.

Tenez le journal de vos ressentis

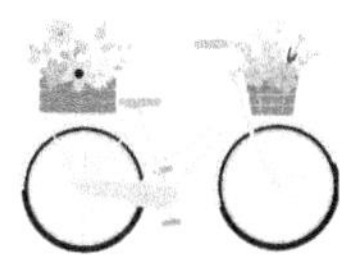

Planning hebdomadaire

Priorités en faisant de mon mieux, une respiration à la fois

Phase de la Lune. Je suis son énergie pour optimiser la mienne

Pensées

Journal de **Gratitude** Date :

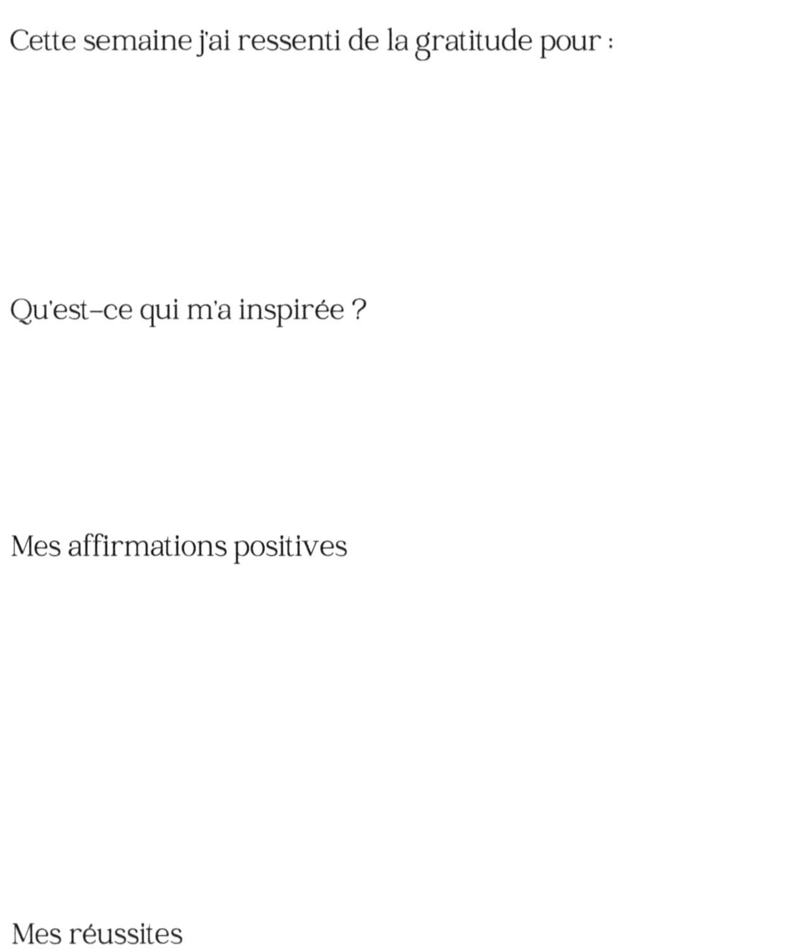

Cette semaine j'ai ressenti de la gratitude pour :

Qu'est-ce qui m'a inspirée ?

Mes affirmations positives

Mes réussites

En phase avec la Lune.

Tenez le journal de vos ressentis

Mes lectures du mois

Dans cette section, vous aurez le loisir de noter vos passages préférés, des références,
des citations, vos réflexions
de lectrice.

Auteur

Titre :

Votre appréciation :

Passages qui ont retenus votre attention, citations, pages de référence etc...

Auteur

Titre :

Votre appréciation :

Passages qui ont retenus votre attention, citations, pages de référence etc...

Auteur

Titre :

Votre appréciation :

Passages qui ont retenus votre attention, citations, pages de référence etc...

Je fais le point

Accomplissements :

Défis rencontrés :

Leçons apprises :

Objectifs pour le mois prochain :

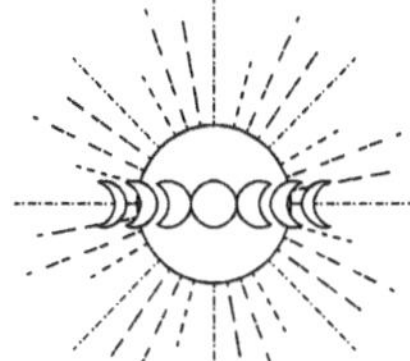

Optimisation

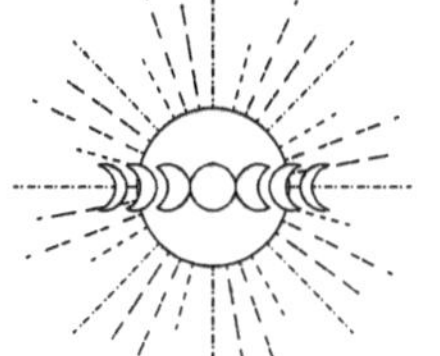

Vous avez certainement remarqué qu'il existe des fluctuations émotionnelles, d'énergie au sein d'un mois et du cycle lunaire, même de votre propre cycle. Déposez ici vos remarques et sortez le meilleur de tout cela.

Qu'est-ce qui draine votre énergie ? Quelle solution ?

Quand êtes-vous à votre TOP ? Pourquoi ? Vous arrive-t-il de vous "brûler" tellement vous foncez tête baissée ? Manquez-vous de punch, d'élan, avez-vous remarqué pourquoi ? Quels sont les meilleurs moments pour vous ? Où en êtes-vous dans le changement de l'alimentation lié à la saison ?

Que pourriez-vous ajuster pour le mois suivant ?

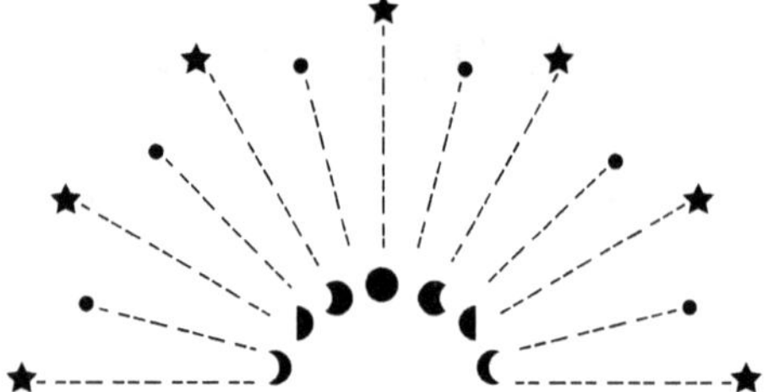

Avec l'énergie de renouveau qui vient de se terminer, je prends le temps de faire un bilan de ces trois mois passés.

Qu'avez-vous découvert sur vous-même ?

Votre plus belle réussite ?

Est-ce que suivre les rythmes de la Lune vous a aidée ?

Qu'en est-il de votre énergie et de votre sommeil ?

Prête pour l'été et son énergie plus lente ?

Je vous donne rendez-vous dans le carnet de l'été.

Si vous n'avez pas encore rejoint la communauté des lectrices du livre :
«Yoga Féminin-Soutenir votre énergie au rythme des cycles Lunaire et Solaire»
Il est toujours temps d'acquérir le livre directement sur ma boutique en ligne.

Je me ferai une joie de vous l'envoyer et de vous intégrer au Groupe Privé Facebook.
De nombreuses séances de Yoga et de rencontres mieux-être vous y attendent.

Donner un avis sur ma page Facebook et sur ma page Amazon serait très apprécié.

Si vous avez des suggestions, écrivez-moi !

Namasté,
Peggy G-Desender

UN PARTAGE CRÉATIF ET POSITIF.

Invitez vos amies à s'abonner et à suivre mes aventures yogiques et livresques.

Je vous lance un dernier défi : Prenez une photo de vous et du carnet, postez le tout sur vos réseaux avec une petite phrase puis taguez-moi.

Vous pouvez aussi m'écrire à peggygdesender@gmail.com je vous répondrai avec plaisir

.

LES OUVRAGES DE PEGGY G-DESENDER.

Retrouvez tous mes livres sur ma boutique en ligne. Certains se trouvent sur Amazon.

Romans Fantasy

Romans d'Aventures

Ouvrages de croissance personnelle et de Yoga

Ma boutique en ligne regroupe tous mes ouvrages disponibles.

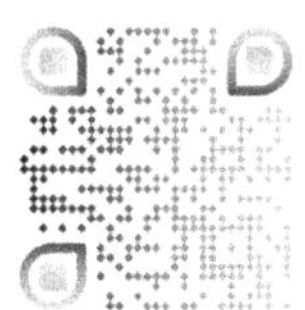

Imprimé par KDP
février 2026.

ISBN : 978-2-9591814-6-7

www.ingramcontent.com/pod-product-compliance
Lightning Source LLC
LaVergne TN
LVHW010702110826
845149LV00014B/3202
* 9 7 8 2 9 5 9 1 8 1 4 6 7 *